Für David

CIP-Kurztitelaufnahme der Deutschen
Bibliothek

Barklem, Jill:
Brombeerhag im Herbst / Jill Barklem.
[Aus d. Engl. von
Ilse Walter]. – Wien, München: Betz,
1981.
Einheitssacht.: Brambly hedge
autumn story < dt. >
ISBN 3-219-10186-0

B 266/2
Alle Rechte vorbehalten
Aus dem Englischen von Ilse Walter
Originaltitel »Brambly Hedge Autumn
Story«, erschienen im
Verlag William Collins Sons & Co Ltd,
London - Glasgow
Copyright © 1980 by Jill Barklem
Copyright © der Übersetzung 1981 by
Annette Betz Verlag,
Wien - München
Printed in Italy

BROMBEERHAG
IM HERBST

Jill Barklem

ANNETTE BETZ VERLAG

Es war ein wunderschöner Herbst. Die Brombeeren und Nüsse waren reif, und die Mäuse von Brombeerhag hatten viel zu tun. Jeden Morgen wanderten sie hinaus auf die Felder, um Körner, Beeren und Wurzeln zu sammeln, die sie zum Speicherbaum brachten und sorgsam für den Winter einlagerten. Im Inneren des Speicherbaums war es warm, es duftete köstlich nach Brombeergelee und frischem Brot. Die Vorratskammern waren fast zur Gänze gefüllt.

Herr von Waldmaus, der im alten Eichenschloß wohnte, war früh aufgebrochen, gemeinsam mit seiner jüngsten Tochter Primelchen.

»Bleib in meiner Nähe und verlauf dich nicht«, sagte er, als sie bei den Brombeersträuchern ankamen. Primelchen pflückte die tiefhängenden Beeren, während ihr Vater die oberen Zweige mit seinem Spazierstock herunterholte.

Der Korb war nahezu voll, als ihnen Oma Augentrost begegnete.
»Ich hab' Ausschau nach euch gehalten«, sagte sie. »Schlechtes Wetter ist im Anzug, ich spür' es in den Knochen. Wir müssen die Ernte eingebracht haben, ehe es zu regnen beginnt.«

Herr von Waldmaus schickte Primelchen zum Schloß zurück und machte sich zum Speicherbaum auf, um gemeinsam mit Herrn Apfel Vorkehrungen zu treffen. Alsbald eilten Scharen von Mäusen mit Karren und Körben auf die Felder, um die letzten Beeren und Nüsse einzuholen.

Herr und Frau von Waldmaus beschlossen, beim Pilzesammeln zu helfen. Sie wollten eben aufbrechen, als Frau von Waldmaus erschrocken ausrief: »Wo ist Primelchen?«

Sie war nirgends zu sehen.
Sie hatte sich weder in einem Korb versteckt noch unter den Blättern, noch im hohen Gras.
»Hat jemand Primelchen gesehen?« rief Herr von Waldmaus.
»Hier war sie nicht«, erwiderten die Mäuse, die hoch oben im Dornbusch Schlehen pflückten.
»Wir haben sie nicht gesehen«, sagten die Mäuse in der dichten Scharlachdornhecke.

Die anderen Kinder glaubten, sie sei bei ihrer
Großmutter, und eine Suchmannschaft wurde aus-
geschickt.
Erhitzt und außer Atem klopften sie an der Tür
zum Holzapfelhaus.
»Haben Sie Primelchen gesehen?« fragte Wilfried.
»Sie ist verschwunden.«
Frau Apfel schüttelte den Kopf, nahm die Schürze
ab und schloß sich der Suche an. Herr Apfel
rannte auf die Lichtung in der Nähe des Speicher-
baums. »Primelchen, wo bist du?« rief er.
»Primelchen, wo bist du?« kam das Echo über das
Kornfeld.

Herr und Frau von Waldmaus eilten ins Schloß zurück. Sie schauten in Schränke und unter Betten. Der Speicherbaum war von oben bis unten durchsucht worden.
»Ach je, ach je!« sagte Daisy von Waldmaus. »Sie ist doch noch so ein kleines Mäuschen! Wo kann sie bloß sein? Was sollen wir tun?«

Primelchen indessen ahnte nichts von der Sorge
ihrer Eltern, als sie am Rand des Kornfelds dahin-
wanderte. Sie hatte den Morgen damit verbracht,
wilde Blumen zu pflücken und den blauen Himmel
anzustaunen. Nach einem Brombeerimbiß hatte sie
ein wenig in der Sonne gedöst. Sie wollte gerade
einer Schar Mäuse helfen, die sie beim Körner-
sammeln am Feldrain beobachtet hatte, als sie ein
kleines rundes Haus hoch oben in den Wipfeln
der Getreidehalme entdeckte.
»Wer hier wohl wohnt?« dachte sie und beschloß
hinaufzuklettern und durch eines der Fenster zu
lugen.

Als sie hineinsah, blickte ihr ein glänzendes Augenpaar entgegen.
»Ver- Verzeihung«, stammelte sie und begann wieder hinabzuklettern.
»Wir trinken gerade Tee!« rief ihr eine Stimme nach. »Willst du nicht auch ein Täßchen?«
Primelchen fand die winzige Tür und trat ein. Das Haus war überaus behaglich. Auf dem Fußboden lag ein Distelwollteppich, und an den sorgfältig gewebten Graswänden sah man Bücher und Bilder. Die beiden ältlichen Zwergmäuse, die das Haus bewohnten, waren sehr erfreut über den Besuch. Sie drängten Primelchen, sich zu setzen, boten ihr ein Stück Kuchen an und zeigten ihr das Album mit den Familienbildern.

Nachdem Primelchen all ihre Schätze gesehen hatte, dankte sie den Mäusen höflich und kletterte wieder zu Boden. Sie beschloß, zum Rand des Kastanienwalds zu wandern, ehe sie nach Hause ging. Einige Mäuse aus dem Hag waren noch hier und pflückten Brombeeren in den letzten Strahlen der Abendsonne, aber sie waren zu beschäftigt, um Primelchen zu bemerken. Primelchen spähte in das Gras und hielt Ausschau nach Federn und anderen nützlichen Dingen.

In den Brombeeren verborgen entdeckte sie eine äußerst interessante Höhle.

»Ob hier unten wohl jemand wohnt?« fragte sie sich und betrat den Gang.

Es war sehr dunkel im Inneren, aber sie konnte runde Türen wahrnehmen, die in die Wände der verzweigten Gänge eingelassen waren. Als sie tiefer in den Gang vordrang, wurde es immer dunkler, und bald konnte Primelchen gar nichts

mehr sehen. »Ich glaube, hier gefällt es mir nicht!« sagte sie schaudernd. »Ich will nach Hause.« Sie wandte sich zum Gehen, aber die Gänge waren so verzweigt, daß sie nicht mehr wußte, welchen Weg sie gekommen war. Sie raffte ihre Röcke und rannte durch das Labyrinth von Gängen.

Endlich sah sie einen Lichtschimmer und lief
darauf zu. Der Gang endete in einem dichten
Gestrüpp von Brombeeren und Heckenrosen am
Fuß einiger hoher Bäume. Primelchen hatte keine
Ahnung, wo sie war.

»Ich kann die Eiche nicht sehen«, sagte sie mit
schwacher Stimme. »Und die Weide am Fluß auch
nicht. Ich glaube, ich habe mich verirrt.«
Es wurde zunehmend dunkler. Große Regen-
tropfen begannen zu fallen und klatschten auf die
Blätter ringsum. Primelchen kauerte sich unter
einen Fliegenpilz und versuchte, nicht zu weinen.
In der Ferne schrie eine einsame Eule, und oben in
den Bäumen ächzten die Zweige im aufkommen-
den Wind. Ganz nahe im Busch war ein leises
Scharren zu hören, und das beunruhigte Primelchen am meisten.

Es wurde dunkler und dunkler, und bald hatte die Nacht alles verschluckt.
Primelchen bemühte sich eben, nicht an die Wiesel zu denken, als sie zu ihrem Schreck fünf kleine flackernde Lichter durch den Wald auf sich zukommen sah. Mit Mühe konnte sie fünf sonder-

bare Gestalten dahinter ausnehmen. Sie waren dick und unförmig und schienen keine Köpfe zu haben. Primelchen duckte sich tiefer in die Brombeeren. Die Gestalten kamen näher und näher, und Primelchen erkannte, daß sie direkt an ihrem Versteck vorbeiziehen würden.

Je näher sie kamen, desto furchterregender wirkten sie. Primelchen schloß die Augen, als sie in Schnurrbartbreite an ihrem Platz vorbeizogen. Eins ... zwei ... drei ... vier ...

Sie beschloß, sehr tapfer zu sein und bei der fünften Gestalt einen Blick zu wagen.
Sie humpelte. Sie hatte einen Schwanz. Und Schnurrbarthaare. Und trug Herrn Apfels Hosen.

»GROSSVATER!« quiekte Primelchen.

Als die Gestalten sich umwandten, konnte Primelchen sie erkennen. Es waren Herr Apfel, Frau Apfel, Harry Hartriegel und, das Beste von allem, ihre Eltern.

Primelchen kämpfte sich durch die Brombeeren.

»Primelchen!« rief Daisy von Waldmaus. »Da bist du ja, gesund und wohlbehalten!«

»Die Zwergmäuse sagten uns, du seist in den Wald gegangen, aber es war so dunkel und naß, daß wir fast die Hoffnung aufgegeben hatten, dich zu finden«, sagte ihr Vater, hob sie auf und kuschelte sie in seinen Mantel.

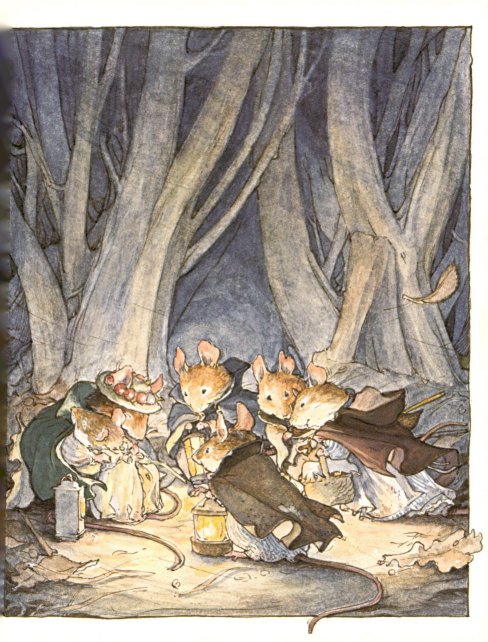

Als sie zu Hause ankamen, schlief Primelchen beinahe. Frau von Waldmaus trug sie in ihr Zimmerchen hinauf und zog ihr die nassen Kleider aus. Ein frisches Nachthemd wärmte am Kamin, und ein Becher mit heißem Eichelkaffee wartete am Bett.

»Ich werde nie wieder auf eigene Faust spazierengehen«, wisperte Primelchen verschlafen.
Ihre Mutter gab ihr einen Kuß und klopfte das Kissen zurecht.

> »Ruhe Bart und Pfoten aus,
> Brombeerpudding füllt das Haus,
> Träume süß die ganze Nacht,
> Bis die liebe Sonne lacht«,

sang sie zärtlich und packte Primelchen in ihr behagliches Bett.